AF358350

Eugène JUNG

Ancien Vice-Résident de France en Indo-Chine.
Rédacteur en Chef de la Revue "L'Indépendance Arabe"

LES PROCHAINS CONFLITS

Le Japon

contre

Les Puissances Mondiales

1er JANVIER 1908.

CHEZ L'AUTEUR

51, Rue Rennequin, Paris (17e)

LE JAPON

contre les

PUISSANCES MONDIALES

LE JAPON
contre
LES PUISSANCES MONDIALES

Depuis plusieurs mois la presse des deux mondes épilogue sur le conflit possible entre le Japon et les Etats-Unis. La comparaison des forces en présence, les questions de territoires à sauvegarder ou à prendre, les intérêts économiques ont été passés en revue suivant les opinions, les tendances et les amitiés de chacun. Le départ de la flotte américaine à destination du Pacifique a ravivé cette polémique.

Que pourrait-on ajouter ? Tout semble avoir été dit à ce sujet. Il nous paraît, toutefois, que ce conflit futur a d'autres origines que celles exposées généralement, et c'est ce que nous allons essayer de démontrer.

Lorsque la guerre russo-japonaise éclata, la situation de la Russie était la suivante : cette puissance ayant réalisé son rêve d'un débouché en Extrême-Orient, sur la mer libre, pouvait se retourner vers l'Inde et surtout le Golfe Persique et causer de sérieux embarras à l'Angleterre. D'autre part, grâce à son activité, à la manière d'agir de la Banque russo-chinoise, aux prêts consentis aux marchands chinois, elle drainait vers ses provinces occidentales tous les produits de la Mongolie, de la Mandchourie, établissait fortement son influence dans le Petchili et, par cette action économique, causait le plus grand préjudice aux Anglais, aux Américains et aux Japonais.

D'un autre côté, le Japon devenait dangereux et il convenait de l'abaisser, soit par les armes si la guerre lui était défavorable, soit dans ses finances, même en cas de succès. Suggestionné par le Foreign Office et la Maison Blanche, le Japon déclara la guerre à la Russie.

Quant à l'Allemagne, gênée dans son rêve islamique par la force de l'alliance franco-russe, elle prodigua à Saint-Pétersbourg les assurances les plus formelles de parfaite tranquillité sur sa frontière de l'Est et ne dissuada pas son voisin de se montrer intransigeant en face du péril jaune.

Lorsque le Japon, épuisé en hommes et en argent, fut sur le point de connaître la défaite, les mêmes puissances intervinrent et imposèrent la paix.

La Russie, éprouvée à l'intérieur, diminuée dans sa force, était pour longtemps peu dangereuse. Le Japon, reconnaissant envers ses amis du concours qu'il en avait reçu, se ferait un devoir, de l'avis de ceux-ci, du moins, de leur accorder toutes sortes d'avantages. Il leur devait, de plus, de l'argent et ne pouvait le rembourser : il avait donné en gages une partie de ses revenus ; il était donc à leur merci.

La guerre russo-japonaise paraissait en conséquence avoir porté tous ses fruits. Tout le monde en avait profité, y compris l'Allemagne. Seule, la France était atteinte dans ses amitiés et dans sa force

Jusqu'à ce moment le Japon semble avoir joué le rôle du Raton de la fable et n'avoir été qu'un instrument docile entre les mains de ses puissants alliés. A-t-il continué à jouer ce rôle de dupe et sa diplomatie a-t-elle suivi les avis venus de l'étranger ?

Le Japonais, fier d'avoir, en quarante ans, transformé complètement son pays et de l'avoir amené à un état de puissance considérable, orgueilleux par nature, est persuadé qu'il doit jouer un rôle prépondérant dans le monde. Il a tout fait pour s'en convaincre et pour en donner l'impression aux autres. Il ne pouvait donc accepter une subordination quelconque. Servi par des diplomates d'une valeur incontestable, qui savent allier aux façons d'être européennes la sou-

plesse, l'urbanité, la courtoisie, mais aussi la finesse sournoise des peuples extrême-orientaux, il a fait preuve d'une condescendance absolue aux désirs exprimés par les uns et les autres.

Voyant les choses de très haut et de très loin, ne se contentant pas d'une politique du moment, il s'est dit que tôt ou tard il serait le véritable arbitre du monde, déchaînerait comme il lui plairait la guerre, anéantirait l'une après l'autre les forces de chaque nation et règnerait seul sur tout l'univers subjugué.

Ce rêve est-il une simple suggestion ou n'est-il pas appelé à devenir la réalité ? A notre avis, les événements qui se déroulent aujourd'hui devant nos yeux sont une des étapes de cette diplomatie habile et prévoyante, et ils seront suivis avant peu par d'autres faits d'une gravité tout aussi grande.

Après avoir été un simple jeton sur la scène politique, le Japon, maintenant, déplace à son gré les pièces de l'échiquier.

***

La Grande-Bretagne, inquiète de l'accroissement maritime de l'Allemagne, a été très heureuse de trouver un allié, le Japon, qui lui permît de concentrer ses forces dans les mers d'Europe et de faire face à l'ennemi probable. Le Japon, au moment de la signature du traité, était l'obligé de l'Angleterre ; mais combien la situation s'est modifiée depuis !

Le Royaume-Uni est à la merci de

l'Empire du Mikado ; quand il plaira à ce dernier, les Indes et toutes les colonies anglaises de l'océan Indien et du Pacifique tomberont en son pouvoir. En effet, la flotte anglaise ne peut plus bouger ; déjà le moindre déplacement d'une forte escadre dans les eaux turques et égyptiennes est presque impossible. L'Allemagne est là, aux aguets, pouvant profiter de la moindre imprudence.

Le Japon devait, dans l'idée des diplomates anglais, fournir des troupes en cas de conflit avec les Turcs ; le ferait-il aujourd'hui, surtout après avoir vu l'échec de son dernier emprunt à Londres ? et s'il le faisait, quel prix demanderait-il pour son concours ?

Le traité anglo-nippon, qui devait être une force pour l'Angleterre, met en réalité celle-ci dans un état d'infériorité incontestable.

La cause ? Le spectre de l'Allemagne.

Les Etats-Unis sont non seulement menacés chez eux par l'immigration japonaise, mais ils voient également leur commerce et leur industrie compromis en Chine et en Mandchourie par les progrès incessants des Japonais et par leur façon de comprendre le principe de la « porte ouverte ». Ils ont à sauvegarder de plus leurs possessions des Philippines et des îles Hawaï. Ils doivent donc pour vivre, politiquement et économiquement parlant, briser la puissance nippone. Les Japonais, de leur côté, veulent être traités partout comme des Européens ; ils n'admettent pas qu'on les empêche de venir s'installer là où il leur plaît (tout en ne permettant pas chez eux d'acquisition de terres et en possédant des tribunaux toujours hostiles aux étrangers et très dangereux au point de vue commercial) : ils veulent posséder les Philippines et les îles Hawaï situées sur la route du Panama ; ils ont, enfin, la haine de l'Américain qui les a forcés d'accepter la paix sans indemnité de guerre. Leur orgueil incommensurable leur fait oublier qu'ils piétinaient sur place en Mandchourie, qu'ils ne pouvaient plus avancer et couraient à un désastre. Le conflit est inévitable, et il est infiniment probable que les îles Hawaï seront occupées par les Japonais avant l'arrivée de la flotte américaine, la menaçant ainsi directement. Observons que dans ces îles existe déjà une population de 70.000 Nippons contre 30,000 canaques, quelques milliers de métis, 15,000 Portugais et 12,000 autres habitants de race blanche.

Si les Américains sortent vainqueurs de la lutte, le rêve japonais prend fin aussitôt. S'ils sont vaincus, — et ils peuvent l'être, grâce à de nombreuses circonstances dont la traîtrise est une des prinpales, — les événements que nous prévoyons se succéderont avec une rapidité foudroyante. Quant à avoir des alliés, les Etats-Unis ne peuvent y prétendre, à moins que l'Allemagne n'intervienne ; mais pour que cette intervention fût efficace, il faudrait que sa flotte se trouvât sur place ; or, elle est dans la mer du Nord, face à l'Angleterre, l'ennemie du moment.

L'Allemagne ne peut, politiquement, être atteinte par le Japon. Ce ne sont pas les quelques îles ou territoire possédés en Extrême-Orient qui peuvent l'amener à affronter ce péril et à risquer la perte de sa puissance maritime ; mais elle gagne chaque jour du terrain, au point de vue commercial, en Chine, concurrençant aussi bien les Japonais que les Anglais et les Américains. Bien qu'en petit nombre ses commerçants s'implantent solidement partout où ils s'installent. Des considérations politiques peuvent déterminer l'empereur Guillaume à prendre possession des îles de la Sonde, comme elles le poussent à vouloir prêter son appui à la Chine, après s'être fait le défenseur attitré de l'Islam.

Les Japonais, pressentant un danger de ce côté, désirent l'écarter, et ils ne seraient pas éloignés de se servir de l'Angleterre et de la France pour réaliser leur projet. Une pression sur ces deux pays, consécutive d'une menace sur l'Indo-Chine, Madagascar même, les Indes et le golfe Persique, serait susceptible de déterminer ces alliés forcés à jouer le jeu du Japon. Ceci peut paraître invraisemblable, et la supposition dénuée de sens commun. Nous ne pouvons discuter, mais nous rappellerons que pour les Nippons tout moyen est bon ; le résultat seul est envisagé.

Il est curieux de juger la politique allemande dans cette grande partie qui se joue dans le monde. Le kaiser a été le premier à dénoncer le péril jaune ; un peu plus il se mettait à la tête d'une croisade. Or, ce péril jaune, c'est son attitude actuelle qui le rend de plus en plus sérieux. Grâce à ses procédés diplomatiques, Guillaume II empêche les autres puissances de le conjurer, puisqu'il les retient en Europe par ses menaces plus ou moins déguisées, et il en sera peut-être la victime pour les raisons que nous avons données plus haut. Il s'en rend probablement compte en recherchant une alliance avec la Chine, alliance qui n'est d'aucune efficacité en ce moment, la Chine n'étant pas encore réorganisée, et qui, pour être acceptée, reposerait sur une protection contre les autres Etats européens et contre le Japon ; de même que la véritable alliance qui a été conclue avec la Turquie a pour but d'évincer les autres Etats de l'Europe au profit de son industrie, de son commerce et de sa puissance mondiale.

La France ne joue dans cette affaire qu'un rôle très secondaire ; c'est un comparse qu'on traite un peu dédaigneusement. Très gênée par un budget qui s'équilibre à peine malgré des impôts toujours nouveaux, et ce à cause du fonctionnarisme croissant chaque jour, voulant diminuer toutes ses charges militaires à l'extérieur pour la raison budgétaire et aussi pour rétablir ses effectifs métropolitains, elle a été heureuse de conclure un traité avec le Japon. Elle paraît croire à sa sincérité et se dit assurée de la possession de l'Indo-Chine. En réalité, sa situation là-bas est précaire. Les Japonais commencent à se rendre en Indo-Chine et, tout dernièrement, on signalait l'arrivée à Saïgon d'un médecin japonais, habillé à l'européenne, se refusant, d'après l'entente nouvelle, à toute astreinte d'impôt de captation, comme les Chinois, et exigeant d'être traité sur le même pied que les blancs. Sa clientèle sera indigène. En même temps, de nombreux Annamites, fils de grandes familles, se rendent au Japon. Le jour où ce dernier pays décidera la prise de notre colonie extrême-orientale, rien ne saurait l'en empêcher, ni nos maigres effectifs, ni nos protestations. Nos indigènes ne nous aiment pas ; nous n'avons rien fait pour nous les attacher, nous avons été trop fiscaux ; ils seront tous contre nous.

Mais ce moment n'est pas encore venu. Le Japon a besoin de nous dans ses visées contre l'Allemagne et pour ses emprunts. Il espère bien que nous saurons être des alliés aimables au point de vue financier, et il nous contraindra, un jour ou l'autre, et toujours suivant les termes du traité, à l'aider pour faire respecter l'intégrité de la Chine et à l'appuyer dans le cas où des troubles éclateraient en Mandchourie, dans le Yunnan ou dans le Fockien.

Remarquons tout simplement que les concessions européennes de chemins de fer en Chine sont fort menacées par la tendance des Chinois à vouloir reprendre possession de leurs lignes, et que des conflits peuvent surgir dans un laps de temps plus ou moins proche ; or, nous sommes maintenant liés avec le Japon.

Dans toute cette grave question, nous observons des procédés toujours pareils : les puissances mondiales, jalouses les unes des autres, voulant accaparer les grands marchés au détriment de leurs rivaux, s'unissent contre l'une d'elles pour l'abattre et passent des traités d'alliance à courte échéance. Le coup fait, elles cherchent à s'entre-déchirer : témoin l'Angleterre et les Etats-Unis contre la Russie et le Japon ; témoin aussi le désir actuel de la Grande-Bretagne de voir succomber l'Amérique. C'est ce qu'on peut appeler de la politique de circonstance.

Le Japon s'est servi de ces antagonismes et en a profité en faveur des jaunes. Il a été le plus habile et le plus adroit parce que ses diplomates se sont tracé une ligne de conduite à longue portée, ont prévu les événements, ont analysé chaque caractère des peuples en présence, leurs intérêts divergents, leurs ambitions et leurs visées.

Celui qui sait prévoir, est sûr de la victoire.

∗

Nous venons de dire que le Japon recherchait en ce moment l'appui de la France au point de vue financier. Bien plus, il aurait le désir d'introduire les valeurs japonaises sur le marché de Paris. Comme le déclarait cyniquement un des journaux nippons après la signature du traité franco-japonais : « Il ne s'agit pas de se croiser les bras, il faut profiter de l'aubaine. »

Quelle est la situation financière du Japon ? Disons-le tout de suite : elle est déplorable. Toutes les valeurs d'une assez grande importance ont baissé, et une crise plus grave qu'aux Etats-Unis est à craindre. La cause principale est le manque de capitaux ; la plupart des Sociétés ont été constituées avec des apports minimes et, quand il a fallu faire appel au complément, les souscripteurs ne se sont pas présentés.

Cependant la façade demeure magnifique. De 1,032 vapeurs, avec 438,000 tonneaux de jauge, en 1897, et de 715 voiliers, avec 48,130 tonneaux, la marine marchande japonaise est passée, en 1906, à 2,081 vapeurs, avec 1,041,000 tonneaux, et 4,497 voiliers, avec 353,434 tonneaux.

Le total des transactions commerciales s'est élevé, en 1906, à 844 millions de yens (le ven vaut 2 fr. 57), en augmentation de 235 millions sur 1903. Les exportations, de 423 millions de yens, sont en plus-value de 102 millions sur 1905 et de 134 millions sur 1903. Les importations, de 418 millions de yens, sont en diminution de 67 millions sur 1905 et en augmentation de 101 millions sur 1903.

Voici, d'ailleurs, le relevé très intéressant donné par M. H. Aymé Martin, consul de France :

EXPORTATIONS

	1906	1905
	yens	yens
Corée	24.729.000	26.619.000
Chine	121.071.000	20.215.000
Hongkong	27.377.000	20.215.000
Inde anglaise	10.488.000	7.998.000
Inde française (I.-Chine).	149.000	407.000
Inde hollandaise	1.397.000	1.233.000
Russie	11.303.000	1.720.000
Angleterre	21.691.000	13.039.000
France	69.428.000	27.227.000
Allemagne	8.245.000	4.360.000
Belgique	1.182.000	666.000
Italie	11.143.000	8.095.000
Autriche-Hongrie	1.289.000	414.000
Etats-Unis	121.789.000	94.009.000
Amérique anglaise	3.552.000	3.240.000
Australie	5.383.000	4.073.000
Autres pays	11.433.000	9.537.000
Total	424.569.000	322.544.000

IMPORTATIONS

	1906	1905
	yens	yens
Corée	6.717.000	6.151.000
Chine	55.658.000	52.618.000
Hongkong	6.915.000	1.129.000
Inde anglaise	63.149.000	90.227.000
Inde française (I.-Chine).	7.971.000	10.148.000
Inde hollandaise	23.808.000	14.830.000
Russie	1.518.000	2.756.000
Angleterre	102.530.000	115.380.000
France	5.035.000	5.129.000
Allemagne	42.883.000	42.580.000
Belgique	10.296.000	11.002.000
Italie	661.000	502.000
Autriche-Hongrie	2.883.000	2.256.000
Etats-Unis	67.837.000	104.287.000
Amérique anglaise	798.000	732.000
Australie	4.169.000	6.001.000
Autres pays	22.245.000	22.810.000
Total	425.023.000	488.538.000

Ce qu'il y a de remarquable, c'est l'effort soutenu des Japonais en ce qui concerne l'industrie, les transports et le commerce. D'une étude que nous avons sous les yeux, il résulte que l'extraction des métaux et du combustible suit une marche ascendante :

1900

millions de fr.

Or	7
Argent	5 1/2
Cuivre	41
Fer	2 1/2
Houille	60

1905

millions de fr.

Or	10
Argent	9
Cuivre	58
Fer	6 1/2
Houille	100

Les usines à force motrice montent de 2,300 en 1900, à 4,385 en 1905.

La production des étoffes passe de 560 millions de francs en 1900, à 625 millions en 1905 ; celle des allumettes, de 24 à 30 millions ; celle du papier, de 53 à 63 millions.

Il découle de cette énumération que les Japonais vendent des quantités de produits fabriqués, et qu'ils sont acheteurs de cotons bruts, de grains, de semences, de boissons et de sucres. Mais n'oublions pas que ces derniers articles se trouvent en abondance en Indo-Chine, au Siam, aux Indes, aux Iles Néerlandaises et aux Philippines.

En résumé, le Japon, qui veut se passer de l'Europe au point de vue industriel, a créé chez lui un outillage industriel de premier ordre, construit tous ses navires de guerre ou de commerce, possède ses arsenaux et sait profiter des richesses de son sous-sol.

Son budget est en augmentation constante. Les dépenses sont, en 1907-1908, de 616 millions de yens (un milliard 577 millions de francs), en augmentation de 112 millions de yens sur le budget 1906-1907, et cet accroissement est causé par la volonté tenace des dirigeants de doubler la puissance de son armée d'ici 1911, et celle de sa flotte d'ici 1914. Sur tous les autres chapitres, des réductions ont été faites.

L'équilibre du budget n'est obtenu que grâce à une somme de 191 millions de yens, provenant de recettes très problématiques et qui obligeront à de nouveaux emprunts.

Le monopole du tabac et les droits de douane servent de garantie aux emprunts de Londres et de New-York.

Ajoutons à cet exposé impartial cette note caractéristique : la population des habitants est de 9 habitants seulement par kilomètre carré dans l'île de Yeso, dont le sol est fertile et dont le sous-sol possède de grandes richesses : et cette population est pauvre · les maisons et les ustensiles de chaque demeure représentent à peine quelques yens ; par contre tout a doublé de prix depuis un certain nombre d'années, et les salaires ne se sont pas augmentés. D'autre part, en Californie, aux îles Hawaï, les Japonais émigrent en nombre considérable.

Pour conclure sur ce sujet, nous observerons donc :

1° Augmentation prétendue irraisonnée de l'armée et de la marine japonaises, hors de proportion avec les ressources du pays, et ce dans un but indéfini pour les diplomaties étrangères ;

2° Emigration anormale, dans un but d'expansion à outrance et de politique de domination, bien que le Japon ait besoin de la majeure partie de ses habitants pour exploiter son sol ou son sous-sol ;

3° Accroissement anormal de l'industrie et des mines du pays, pour n'avoir plus besoin du concours des autres nations ;

4° Situation financière déplorable, menant tout droit à une crise dont paraît peu se soucier le gouvernement du Mikado.

**

Quelles déductions peut-on tirer de cet état de choses ?

Si l'on considère les éventualités dont nous avons parlé au commencement de cet article, on comprend facilement la tactique du Japon. Possesseur d'une armée de tout premier ordre, il peut, à l'occasion, tenir tête aux Russes, écraser les premières divisions régulières de l'armée chinoise et porter la guerre partout où il le jugera utile, sans crainte de subir un échec en Extrême-Orient ; nulle part, en effet, n'existent de forces capables de le retenir.

Avec une marine double de force, il anéantira les malheureuses escadres envoyées contre lui.

Avec ses industries, ses usines, il fabrique ses armes, ses munitions, possède son charbon.

Avec elles également il accaparera le marché d'Extrême-Orient lorsqu'il en aura interdit l'accès aux produits européens ou américains.

Avec les colonies européennes et américaines d'Extrême-Orient et la Chine, il a toutes les matières premières et les produits alimentaires qui lui font défaut.

Avec ses nombreux émigrants implantés en pays étranger, vite transformés en troupes disciplinées, il possède des avant-gardes de la plus grande utilité au moment d'une guerre.

Quant à sa position financière, il s'en préoccupe peu. Jusqu'au dernier moment, il cherchera à faire appel au crédit des autres nations, et ses ententes n'ont pas d'autre but que d'augmenter ses ressources ; mais le jour où il aura levé le masque, rien, aucune force, aucune objurgation ne pourront l'obliger à tenir ses engagements. Les porteurs de la Dette japonaise n'auront aucun moyen de contrainte. Par contre, le Japon espère bien obliger les autres nations à lui verser toutes espèces d'indemnités quand il le jugera utile.

Tout se tient dans les procédés de la politique et de la diplomatie japonaises.

**

Nous avons vu où était le danger. Examinons maintenant quel est le remède ?

C'est en Europe que nous le trouverons si les puissances, ramenées à une juste appréciation des faits, consentent à conclure une trêve et à refréner leurs ambitions.

L'Allemagne, avons-nous dit, est, sciemment ou non, la base de la politique actuelle du Japon ; c'est elle qui permettra à l'empire du Soleil-Levant de devenir une force intangible. En face de ce danger, elle devrait prendre l'initiative d'une entente avec les autres puissances navales, donner des preuves de sa sincérité, et, toutes ensemble, formuler un *veto* absolu au Japon à propos de ses visées contre les États-Unis, de ses empiétements territoriaux, de son émigration sans raison qu'elle prétend imposer aux autres peuples. Devant cette coalition le Japon céderait.

Mais l'Allemagne voudra-t-elle faire cette démarche ? A voir cet empire devenir le protégé du Grand-Turc et de l'Islam contre le monde entier, on ne peut que douter de son désir de paix et de cordiales relations. L'Allemagne ne cherche pas des amitiés : elle prétend les imposer, le poing levé, et s'étonne de ne rencontrer que des visages ennemis. Elle est devenue un danger permanent, elle aussi, sans vouloir se rendre compte qu'elle assume la plus lourde des responsabilités.

Le seul remède à cet état de choses, à défaut d'entente, serait, pour tous les États amis et alliés, d'écraser, pendant qu'il en est temps encore en Extrême-Orient, l'empire allemand et d'annihiler sa puissance ; après on se retournerait vers le Japon. Le procédé peut paraître radical ; mais en existe-t-il un autre ?

L'Angleterre, nous l'avons déjà exposé, est retenue sur les côtes de la mer du Nord. Actuellement, elle n'a rien à craindre du Japon qui a besoin de la laisser croire à son inaltérable amitié pour arriver à ses fins. Plus tard, ce sera son tour. Elle doit donc chercher à parer le coup qui la menace, aussi bien du côté de l'Allemagne et de son alliée la Turquie, que du Japon, et les mesures à prendre sont d'ordres divers :

1º Créer une forte armée permanente dans les Iles Britanniques, afin de résister à une descente allemande et d'appuyer les troupes françaises après l'anéantissement de la flotte germanique ;

2º Augmenter sa flotte dans des proportions gigantesques ;

3º Assurer sa position dans la Méditerranée et en Asie-Mineure, et se créer de fidèles et nombreux alliés en favorisant de suite la révolte arabe si bien préparée ;

4º Créer une grande flotte australienne ;

5º Se faire une alliée de la Chine, qui est susceptible, mais dans quelques années seulement, de contrebalancer la force militaire des Japonais ;

6° Conclure un traité complémentaire avec la Russie, lui consentir des avantages sur le golfe Persique et au Thibet, sacrifier même l'Afghanistan ou la Perse, de façon que la Russie puisse l'aider militairement aux Indes tout en menaçant la Corée.

La France a également une attitude très nette à adopter. Elle, la grande prêteuse du monde, n'à qu'à se refuser à apporter son or aux Japonais ; il serait de toute imprudence à ses gouvernants, toute considération politique écartée, de laisser l'épargne française s'égarer dans cette voie. Il n'y a au Japon aucune garantie.

D'autre part, la France doit sauvegarder sa situation en Extrême-Orient. Elle sait qu'elle ne peut compter sur la neutralité du Siam ; elle est donc amenée à traiter avec la Chine. En même temps, elle doit augmenter ses forces en Indo-Chine et à Madagascar, et nous serions d'avis qu'elle y envoyât de très forts contingents d'Arabes, puisqu'il est question d'incorporer ceux-ci dans notre armée régulière, — et nos Arabes sont la terreur des jaunes, — qu'elle accrût là-bas sa flottille de sous-marins et de torpilleurs, et qu'elle installât des manufactures pour les munitions.

Quant aux autres mesures internationales, elle n'a qu'à se mettre, suivant son habitude actuelle, à la remorque des autres nations.

La Russie, sans flotte, a accru la puissance défensive de Vladivostock ; elle veut doubler la voie du Transsibérien ; elle semble avoir prévu que, dans un laps de temps assez rapproché, elle aura encore à intervenir dans ces régions. Les Japonais, en effet, continuent à occuper la Mandchourie et demeurent les véritables maîtres des voies ferrées ; ils entendent agir là comme chez eux.

La Russie aura-t-elle le temps de reconstituer sa puissance maritime ? Nous en doutons. Elle pourra, en tout cas, peser d'une façon décisive sur les actes de l'Allemagne et contrebalancer dans une certaine mesure les tentatives du Japon ; mais, sans action sur le continent nippon, elle n'a qu'une force relative.

Les Etats-Unis ont compris la nécessité d'écraser le Japon ; mais le pourront-ils ? Ils n'ont, certes, rien à craindre chez eux, quoi qu'on prétende, car le peuple yankee a des ressources profondes. Une attaque traîtresse de sa flotte aurait comme résultat immédiat le massacre de tous les Japonais installés chez lui. Toutefois la perte des marchés chinois serait la conséquence d'une guerre désastreuse.

Répétons-le, en terminant, le succès des Etats-Unis met à néant les rêves japonais et il faut le souhaiter, tout en regrettant que les Anglais aient indirectement poussé le Japon à cette guerre et désiré la défaite de l'Amérique du Nord. Est-il même possible aujourd'hui pour l'Angleterre de formuler un vœu efficace ? Il est permis d'en douter.

Les événements vont suivre leurs cours, désastreux pour le monde blanc si l'entente ne se produit pas en Europe ; mais est-il même logique d'en avoir seulement l'idée avec un caractère comme celui de Guillaume II ? N'est-il pas plaisant, er 'out cas, de voir l'Angleterre obligée de faire appel au concours de toutes les puissances qu'elle a voulu abaisser ? Juste retour des choses d'ici-bas.

EUGENE JUNG,
Ancien vice-résident de France en
Indo-Chine, rédacteur en chef de la
revue l'*Indépendance Arabe.*

OUVRAGES DU MÊME AUTEUR

En préparation :

IMPRIMERIE SPECIALE
39, Rue du Sentier,
PARIS